Franziska Letzel

Kritische politische Bildung vs. affirmative politische Bildung

Referatsentwurf

GRIN Verlag

Bibliografische Information der Deutschen Nationalbibliothek:

Die Deutsche Bibliothek verzeichnet diese Publikation in der Deutschen National-
bibliografie; detaillierte bibliografische Daten sind im Internet über http://dnb.d-
nb.de/ abrufbar.

Impressum:

Copyright © 2013 GRIN Verlag GmbH
Druck und Bindung: Books on Demand GmbH, Norderstedt Germany
ISBN: 978-3-656-57822-2

Dieses Buch bei GRIN:

http://www.grin.com/de/e-book/267553/kritische-politische-bildung-vs-affirmative-
politische-bildung

GRIN - Your knowledge has value

Der GRIN Verlag publiziert seit 1998 wissenschaftliche Arbeiten von Studenten, Hochschullehrern und anderen Akademikern als eBook und gedrucktes Buch. Die Verlagswebsite www.grin.com ist die ideale Plattform zur Veröffentlichung von Hausarbeiten, Abschlussarbeiten, wissenschaftlichen Aufsätzen, Dissertationen und Fachbüchern.

Besuchen Sie uns im Internet:

http://www.grin.com/

http://www.facebook.com/grincom

http://www.twitter.com/grin_com

Inhaltsverzeichnis

1. Sachanalyse

Die betreffende Seminarsitzung in der Lehrveranstaltung „Aktuelle Tendenzen in der Politischen Bildung" hat die Kontroverse zwischen der etablierten politischen Hochschuldidaktik und der kritischen politischen Bildung zum Inhalt. Für eine Thematisierung dieser Kontroverse im Rahmen des Studiums der politischen Bildung sprechen dabei diverse Gründe. Zum einen wurde der Fokus in der bisherigen didaktischen Ausbildung ausschließlich auf die in diesem Zusammenhang als „etablierte" politische Bildung bezeichnete Hochschuldidaktik gelegt. Dies meint die Theorieschule rund um die GPJE und somit bedeutende Didaktiker wie Sander, Massing, Detjen, Gieseke und andere. Die vergleichsweise junge kritische politische Bildung erhielt demgegenüber noch keinerlei Beachtung innerhalb der didaktischen Ausbildung. Eine Tatsache, die es umso wichtiger erscheinen lässt, sich mit eben jener, vergleichsweise neuen, Theorieschule zu befassen. Des Weiteren ist es nur angemessen, sich in einer Lehrveranstaltung, die ihren Fokus auf aktuelle Entwicklungen in der sozialwissenschaftlichen Bildung legt, nicht nur mit stark praxisbezogenen Themen auseinanderzusetzen, sondern auch einmal den Blick auf die Theorie ihres Faches zu lenken und in diesem Zusammenhang aktuelle Debatten und Kontroversen zu verfolgen und zu thematisieren. Die von der kritischen politischen Bildung angestoßene Debatte ihrer selbst mit der etablierten Hochschuldidaktik stellt eine solche aktuelle Kontroverse dar. Um deren Kern jedoch zu verstehen und die spezifischen Argumentationsstränge nachvollziehen zu können, ist es unerlässlich, sich mit den Grundlagen der kritischen politischen Bildung auseinanderzusetzen.

Diese, sich selbst als neu und innovativ darstellende, Theorieschule hat ihren Ursprung in der Kritischen Gesellschaftstheorie und begründet sich auf eben deren Vorstellungen von Demokratie, Politik und Gesellschaft. Zu nennen ist in diesem Zusammenhang in erster Linie die Frankfurter Schule, die gleichzeitig als Begründer und wichtigster Impulsgeber der Kritischen Theorie gilt. Basierend auf der Analyse aktueller Herrschafts- und Machtverhältnisse strebt die Kritische Theorie eine Überwindung unterdrückender und ausbeuterischer Gesellschaftsstrukturen an und impliziert dabei eine Ablehnung totalitärer und autoritärer Herrschaftsregime (vgl. Weiß 2011: 78). Sie fordert in diesem Zusammenhang eine Emanzipation sowohl des Einzelnen als auch der gesamten Gesellschaft von repressiver Herrschaft, die mit einer Ausweitung demokratischer Teilhabe einhergeht (vgl. ebd. 2011: 78). Die aber wohl in Hinblick auf den Zusammenhang zur kritischen politischen Bildung entscheidendste Veränderung in der Vorstellung von Gesellschaft und Politik ist das

1

Verständnis gesellschaftlicher Strukturen als vom Menschen gemacht (vgl. ebd. 2011: 78f.). Dies impliziert, dass eben jene Strukturen auch vom Menschen selbst verändert werden können und sollen. Eine Tatsache, die den Bürgern der demokratischen Gesellschaft die ganz konkrete Aufgabe politischer Teilhabe und Partizipation auferlegt.

Eine ständige Auseinandersetzung mit den aktuellen gesellschaftspolitischen Verhältnissen ist für die Kritische Theorie damit notwendigerweise unerlässlich. An dieser Stelle knüpft die auf der Kritischen Gesellschaftstheorie aufbauende kritische politische Bildung an. Nach Bettina Lösch sind die Bewahrung von Aktualität und die permanente Anpassung des Themenkanons an situative Gegebenheiten und sowohl innerstaatliche als auch globale Veränderungen ein zentrales Gütekriterium sozialwissenschaftlichen Unterrichts (vgl. Lösch 2011: 118). In diesem Zusammenhang hebt sie insbesondere die Bedeutung einer globalen Sichtweise auf die gesellschaftlichen und politischen Verhältnisse hervor. Die Politikdidaktik müsse ihr Denken im „nationalstaatlichen Container" überwinden und sich stärker dem Globalen Lernen zuwenden (vgl. ebd. 2011: 123). Diese Forderung leuchtet ein, bedenkt man, dass die wenigsten politischen Themen ausschließlich auf das eigene politische System bezogen sind und losgelöst vom Kontext des internationalen politischen Geschehens sinnvoll analysiert werden könnten. Das aktuelle politische und wirtschaftliche Geschehen in einer globalen Betrachtungsweise zum Gegenstand des sozialwissenschaftlichen Unterrichts zu machen, ist demzufolge ein zentrales Kriterium kritischer politischer Bildung.

Eine sehr dezidierte Darstellung der Grundlagen kritischer politischer Bildung liefert Frank Nonnenmacher, indem er fünf Kernthesen schulischen Politikunterrichts formuliert. Diese bringen die zentralen Annahmen kritischer Politikdidaktik auf den Punkt und erleichtern somit das Verständnis über Sinn und Kern dieser neuen Theorieschule. Des Weiteren eignen sich eben jene Kernthesen dazu, Kriterien für einen guten Politikunterricht aus Sicht der kritischen politischen Bildung abzuleiten. Dies führte dazu, dass die fünf Kernthesen nach Nonnenmacher den Mittelpunkt der frontal angelegten Inputphase innerhalb des durchgeführten Referats bilden.

Als erstes wichtiges Kriterium kritischen Politikunterrichts bestimmt Nonnenmacher die **Bearbeitung aktueller Kontroversen mit dem Ziel fundierter Urteilsbildung auf der Grundlage offener Curricula** (vgl. Nonnenmacher 2011: 459). Die Notwendigkeit, aktuelle und grundsätzliche politische Auseinandersetzungen zum Inhalt sozialwissenschaftlichen Unterrichts zu machen, wird weitgehend in der gesamten politikdidaktischen Literatur hervorgehoben (vgl. ebd. 2011: 459). Mit dem Ziel, bei den Schülern eine Urteilskompetenz auszubilden, sollen sie anhand aktueller Fragestellungen lernen, bestehende Konflikte und deren Lösungsmöglichkeiten zu analysieren sowie den eigenen oder auch einen fremden Standpunkt einzunehmen und zu vertreten. Diese Ausrichtung des Politikunterrichts auf Analyse- und Urteilskompetenzen (ganz im Sinne der Entwicklung von der Input- zur Outputsteuerung) erfordert jedoch auch eine Hinwendung zu offeneren Curricula. Auch vor dem Hintergrund der rasanten Veränderungen des politischen Geschehens in der Welt und der sich stets erweiternden Wissensbestände ist ein systematischer Wissenskanon, der unbedingt gelehrt werden müsse, aus Sicht der kritischen politischen Bildung nicht sinnvoll (vgl. Nonnenmacher 2011: 460). Vielmehr dürften Lehrpläne keine strikten Inhalte und Themenvorgaben enthalten, sondern stattdessen konkrete Ziele, die Orientierung an fachdidaktischen Prinzipien und die Verwendung spezieller Erschließungskategorien im Unterricht vorschreiben (vgl. ebd. 2011: 461).

Als zweites wichtiges Kriterium kritischer Politikdidaktik bestimmt Nonnenmacher die **Interdisziplinarität politischen Unterrichts** (vgl. ebd. 2011: 462). Er kritisiert in diesem Zusammenhang die Vorstellung, dass im Falle einer entstehenden Zusammenarbeit zwischen Disziplinen, diese auch nur innerhalb der eigenen Fachkultur erfolgen könne (vgl. ebd. 2011: 462). Allen Themen des politischen Unterrichts erlauben und verlangen jedoch sogar oft den Rückgriff und den Verweis auf andere Fächer. Das Tragen der sprichwörtlichen „Scheuklappen" durch Lehrkräfte und Hochschuldidaktiker ist somit im Sinne einer umfassenden Allgemeinbildung, in der die Schüler zusammenhängendes Wissen erwerben sollen, weder logisch noch gewinnbringend. Als Konsequenz für die Praxis an der Schule beschreibt Nonnenmacher die Abstandnahme von der eigenen Fachbezogenheit und eine darauf aufbauende Kooperation im gesamten Kollegium, mindestens aber mit den anderen sozialwissenschaftlichen Kollegen, als absolut notwendig (vgl. ebd. 2011: 463).

Als weiteres Merkmal einer kritischen Politikdidaktik legt Nonnenmacher die **Orientierung am Sozialstaatsgebot und am Demokratiepostulat** fest (vgl. ebd. 2011: 463). Den Ausgangspunkt seiner Betrachtungen bildet in diesem Zusammenhang die kontroverse und kritische Struktur des Faches. Da sich die politische Bildung durch ihren Fokus auf aktuelle politische und gesellschaftliche Fragestellungen auszeichnet, ist es nur eine notwendige Folge, dass sie stets einen kritischen und kontroversen Blick auf eben jene Themen wirft. Nonnenmacher geht diese Kontroversität und das kritische Hinterfragen jedoch an einigen Stellen zu weit. So bemängelt er die Vorstellung, dass sich die Lehrperson immer wertfrei und neutral zu verhalten habe und alle möglichen Positionen zu einer Thematik im Unterricht zwar dargestellt, aber einfach so im Raum stehen gelassen würden, was zu einer Akzeptanz von fast allem führe (vgl. ebd. 2011: 464). Gerade die demokratische Kultur und der

Sozialstaatsgedanke unserer Gesellschaft dürfe eben jedoch keinesfalls als beliebig und austauschbar angesehen werden. Dies hat zur Folge, dass der Wert des Demokratiegedanken und der Sozialstaatlichkeit nach Ansicht der kritischen politischen Bildung im Unterricht stets hervorgehoben werden sollte, um jene wertvollen Güter unserer Gesellschaft zu bewahren und zu schützen.

Als vierte Kernthese beschreibt Nonnenmacher das **Engagement als wichtiges Ziel kritischen politischen Unterrichts** und hebt in diesem Zusammenhang den handlungsorientierten Charakter des Faches hervor (vgl. Nonnenmacher 2011: 466). Die kritische politische Bildung gibt sich also nicht mit einer bloßen Abhandlung ihres Themenkanons zufrieden, sondern zielt auf die Übernahme von Verantwortung und Partizipationsbereitschaft bei den Schülern ab. Gefordert wird dabei ganz konkret deren praktisches Engagement im politischen Unterricht und über diesen hinaus, wofür der Lehrer ganz speziell Sorge zu tragen hat. Damit handlungsorientiertes, praktisches Lernen im Politikunterricht jedoch gewinnbringend sein kann, legt Nonnenmacher weiterhin 4 zentrale Bedingungen fest, unter denen das Engagement der Schüler zu erfolgen habe:

(1) Bloßer Aktionismus im handlungsorientierten Unterricht ist unbedingt zu vermeiden. Das Handeln muss einem ganz konkreten Zweck dienen und zielgerichtet sein.

(2) Das politische Engagement muss auf einer möglichst breiten Wissensbasis in Bezug auf das behandelte Thema erfolgen. Eine Analyse des Inhalts an sich muss dem Handeln vorausgehen.

(3) Das politische Engagement außerhalb des Unterrichts muss von den Schülern und Lehrern absolut freiwillig erfolgen.

(4) Es muss eine demokratische Öffentlichkeit hergestellt werden, in der das politische Engagement erfolgt.

(vgl. Nonnenmacher 2011: 467)

Schließlich formuliert Nonnenmacher als fünftes Kriterium für eine kritische politische Bildung das **Bewusstsein über die Widersprüche, denen das Fach selbst unterworfen ist** (vgl. ebd. 2011: 467). Als den wohl deutlichsten Widerspruch beschreibt er in diesem Zusammenhang das Verhältnis zwischen dem eigenen Anspruch des Faches, an der Etablierung und Weiterentwicklung einer freiheitlichen, demokratischen Gesellschaft mitzuwirken, und der Tatsache, dass das Fach selbst Teil einer wenig demokratischen Institution sei (vgl. ebd. 2011: 467). Die Schule sei eben ein Ort, an dem Anwesenheitspflicht und geringe Mitsprache- und Beteiligungsmöglichkeiten (z.B. bei der Lehrerwahl, dem Lehrplan, den Bewertungen) an der Tagesordnung seien (vgl. ebd. 2011: 467) und sie somit wenig von dem demokratischen und freiheitlichen Charakter unserer Gesellschaft vermittelt, den wir den Schülern in unserem Unterricht nahe bringen wollen. Jedoch verweist Nonnenmacher an dieser Stelle auf die vorhandenen Möglichkeiten, im eigenen Unterricht demokratische Prozesse zu etablieren und die Schüler durch Mitsprache bei der Inhalts- und Methodenwahl an der Planung der Lernprozesse zu beteiligen (vgl. Nonnenmacher 2011: 468). Eine solche bewusste Verfahrensweise im Unterricht kann helfen, jenen zentralen Widerspruch, dem die politische Bildung unterworfen ist, ein Stück weit aufzulösen und die Schule ein wenig demokratischer werden zu lassen.

Diese von Frank Nonnenmacher formulierten fünf Kernthesen kritischer politischer Bildung fassen die grundlegenden Annahmen dieser vergleichsweise jungen Theorieschule sehr prägnant zusammen. Inwiefern die kritische im Vergleich zur etablierten Hochschuldidaktik nun jedoch eine wirkliche Neuerung darstellt, ist mitunter fragwürdig. So ist man geneigt zu sagen, dass jene Kriterien, mit denen sich die kritische politische Bildung als innovativ darstellt und versucht, sich von der etablierten Politikdidaktik abzugrenzen, doch nicht wirklich neu sind. Steht nicht auch die traditionelle politische Bildung für Kontroversität, Interdisziplinarität, Demokratiebildung und Partizipation? Stellt die kritische politische Bildung wirklich eine Innovation dar? Wie so viele Fragestellungen in der Sozialwissenschaft ist auch diese eine kontroverse und kann nicht pauschal mit „Ja" oder „Nein" beantwortet werden. Vielmehr ist es jedem Einzelnen selbst überlassen, ein entsprechendes Urteil zu bilden und es gilt individuell abzuwägen, ob die Akzente, die die kritische Politikdidaktik setzt, neue Impulse und Denkanstöße für den eigenen gesellschaftswissenschaftlichen Unterricht bereithält oder nicht.

2. Bedingungsanalyse

Die Seminargruppe, in der das Referat gehalten wurde, setzte sich ausschließlich aus Studenten der Lehramtsstudiengänge Gemeinschaftskunde (Gymnasium/Mittelschule) und Wirtschafts- und Sozialkunde (Berufsbildende Schule) zusammen. Die Teilnehmer verfügten somit über annähernd die gleichen Voraussetzungen und einen ähnlichen Wissensstand. Im fachdidaktischen Bereich der Lehramtsausbildung besuchten beide Studentengruppen zudem die gleichen Lehrveranstaltungen, weshalb sie sich in Bezug auf die Didaktik sozialwissenschaftlichen Unterrichts auf dem gleichen Kenntnisstand befinden sollten.

Das gehaltende Referat, das sich thematisch mit der Kontroverse zwischen affirmativer und kritischer politischer Bildung auseinandersetzt, baut auf dem Vorwissen der Studenten zu den theoretischen Ansätzen in der Fachdidaktik der politischen Bildung auf, die bereits in der bisherigen Ausbildung behandelt wurden. Die zum Verständnis der Kontroverse zwischen eben jener etablierten Politikdidaktik und der kritischen politischen Bildung benötigten Kenntnisse wurden zu Beginn des Semesters in den ersten drei Sitzungen des Seminars noch einmal wiederholt und vertieft, weshalb die Teilnehmer keine Schwierigkeiten haben sollten, das erforderliche Wissen abzurufen. Worüber die Studenten jedoch in der Regel noch kein Wissen aufwiesen, waren hingegen die Konzepte und theoretischen Grundlagen der kritischen politischen Bildung. Diese sich selbst als neu und innovativ betrachtende Theorieschule wurde in der bisherigen fachdidaktischen Ausbildung noch nicht thematisiert, weshalb die Vermittlung der grundlegenden Aspekte und Thesen dieser Richtung der Politikdidaktik einen zentralen Eckpunkt unseres Referats darstellte.

In Bezug auf die Voraussetzungen für die Durchführung des Referats von Seiten der Lerngruppe konnten wir von sehr guten Bedingungen profitieren. Das Klima innerhalb der Seminargruppe war überaus angenehm und arbeitsfördernd. Die Teilnehmer waren motiviert und engagiert, wodurch eine gute Voraussetzung für ein produktives Arbeiten gelegt wurde. Es fiel somit nicht schwer, die Lerngruppe für eine Thematik zu begeistern und eine lebendige und produktive Diskussion anzuregen.

Die Voraussetzungen der räumlichen und technischen Gegebenheiten für die Durchführung der Seminarsitzung waren ebenfalls vorhanden. Das Seminar fand in einem Raum statt, der für die Größe der Lerngruppe angemessen ist und gleichzeitig genug Spielraum bietet, um die Lernumgebung beliebig zu verändern und anzupassen. Es war somit kein Problem, die Formation der Bankreihen aufzulösen und einzelne Tischgruppen zu schaffen, an denen die Gruppenarbeit in den Fightclubs stattfinden konnte. Zudem verfügt der Raum über die von uns benötigten Medien Overheadprojektor und Tafel.

3. Didaktisch - methodische Analyse

Die in Form des Referats gestaltete Seminarsitzung ist auf Grund der zu behandelnden Thematik „kritische politische Bildung vs. affirmative politische Bildung" in einen ersten und einen zweiten Teil gegliedert. Während die sich nach dem Einstieg in das Seminarthema anschließende Inputphase referentenzentriert und überwiegend frontal gestaltet ist, zeichnet sich der zweite Teil der Sitzung, in der die Gruppenarbeit in den Fightclubs und die anschließende Diskussion stattfindet, durch eine hohe Aktivität von Seiten der Seminargruppe und eine deutliche Zurückhaltung der Referenten aus.

Die gesamte Einstiegsphase wird in Form eines offenen Unterrichtsgesprächs durchgeführt, welches jedoch von den Referenten spürbar gelenkt wird. Lerninhalt der Einstiegsphase ist zunächst erst einmal eine kurze Wiederholung des Wissens zu den etablierten Hochschuldidaktikern mit Hilfe eines Brainstormings *(siehe Anhang 1)*. Hierzu wurde in der Vorbereitung ein Schema mit bekannten Namen (Detjen, Massing, Sander, Weißeno) an die Tafel gebracht, um das Vorwissen der Studenten visuell zu aktivieren und anhand dessen das Schema mit wichtigen Schlagwörtern und Thesen der traditionellen Didaktiker zu vervollständigen. Die Entscheidung für diese Form des Einstiegs in die Seminarsitzung wurde auf Grund des umfangreichen Vorwissens getroffen, das die Studenten bereits zu den Personen und den theoretischen Grundlagen der etablierten Hochschuldidaktik besitzen. Diese Kenntnisse mussten aktiviert werden, um die Voraussetzungen für die Arbeit in den Fightclubs sicherzustellen und die Grundlagen für ein Verständnis der Kontroverse zwischen etablierter und kritischer politischer Bildung zu schaffen. Das vollständige Brainstorming an der Tafel soll außerdem den Effekt erzeugen, dass erkennbar wird, über welches umfangreiche Vorwissen die Studenten eigentlich in Bezug auf die etablierte Hochschuldidaktik bereits verfügen.

Mit der anschließenden Frage nach den Kenntnissen über die Didaktik der kritischen politischen Bildung soll dem hingegen die Erkenntnis hervorgerufen werden, dass die Seminarteilnehmer über diesen Zweig der Politikdidaktik noch kein Wissen verfügen. Anhand des hervorgerufenen „Aha"-Effektes lässt sich nun eine plausible Begründung für die Auseinandersetzung mit dieser Thematik im Seminar anführen: „Gerade weil wir noch über kein Wissen zu dieser Richtung der Hochschuldidaktik verfügen, ist es wichtig, dass wir uns damit auseinandersetzen!" In diesem Zusammenhang erfolgen dann eine präzise Nennung des Themas der Seminarsitzung und eine Erläuterung des groben Aufbaus des Referats.

Damit ist nun die Grundlage für die sich anschließende frontal angelegte Inputphase gelegt. Während der Einstiegsphase ist deutlich geworden, dass über die kritische politische Bildung bei den Seminarteilnehmern noch kein Wissen vorhanden ist, weshalb nun die wichtigsten theoretischen Grundlagen dieser „emanzipierten" Hochschuldidaktik dargelegt werden sollen. Dabei erfolgt zunächst eine Vorstellung der wichtigsten Personen, die mit der kritischen politischen Bildung zusammenhängen (Lösch, Nonnenmacher, Steffens, Thimmel). Um die Studenten mit den Didaktikern vertraut zu machen, haben wir uns entschieden, deren Porträts mittels einer Folie und des Overheadprojektors sichtbar zu machen. Dies dient einer Bündelung der Aufmerksamkeit der Studenten und steuert dem entgegen, dass die genannten Namen sprichwörtlich nur „Schall und Rauch" sind.

Nach einer kurzen Vorstellung der ausgewählten Didaktiker und deren Bedeutung für die Hochschuldidaktik der politischen Bildung erfolgt darauf aufbauend eine konkrete Darlegung der Hauptanliegen und theoretischen Grundlagen der kritischen politischen Bildung. Der Schwerpunkt liegt dabei auf den fünf Kernthesen kritischer politischer Bildung, die Frank Nonnenmacher formuliert. Während der Ausführungen der Referenten sind die Seminarteilnehmer aufgefordert, die zentralen Aspekte und Thesen auf einem Handout (*siehe Anhang 2*) festzuhalten. Das vorbereitete Handout wird vor Beginn der Ausführungen ausgeteilt und kurz besprochen, damit dessen Aufbau und die Aufgabe während der Inputphase klar sind. Gleichzeitig wird darauf hingewiesen, dass die Notizen der Teilnehmer die Grundlage für die anschließende Diskussion in den Fightclubs darstellen und somit unerlässlich sind. Dies soll die Aufmerksamkeit der Studenten auf die Ausführungen der Referenten konzentrieren und verhindern, dass die Zuhörer sich lediglich „berieseln" lassen und die Gefahr des Abschaltens zu hoch wird.

Im Anschluss an die frontale Inputphase folgt die gruppenaktive Arbeit in den Fightclubs. Lerninhalt dieser Phase ist die Kontroverse zwischen kritischer „emanzipatorischer" politischer Bildung und etablierter „affirmativer" politischer Bildung. Hierzu erfolgt zunächst eine kurze Einführung in die Methode durch die Referenten, sodass in der anschließenden Gruppenarbeit keine Verständnisprobleme auftreten.

Die Aufgabe der Studenten besteht darin, in ihren Gruppen anhand der ihnen zugewiesenen Rollen einen Fightclub durchzuführen, in dem die Ansichten beider didaktischer Richtungen gegenübergestellt und gegeneinander abgewogen werden. Hierzu wurden bereits im Vorfeld der Seminarsitzung den einzelnen Plätzen an den Tischen kleine Kärtchen zugeteilt, die dem Teilnehmer die jeweilige Rolle zuweisen und zudem eine nähere Erläuterung der Aufgaben eben jener Rolle enthalten (*siehe Anhang 3*).

In jedem einzelnen Fightclub debattieren mindestens 2 Vertreter der traditionellen politischen Bildung mit mindestens zwei Vertretern der kritischen politischen Bildung. Sie haben die Aufgabe, entsprechend ihrer Rolle für die Standpunkte ihrer didaktischen Richtung einzutreten und sich im Fightclub gegen die Argumente der Vertreter der anderen Seite zu behaupten. In jeder Gruppe wurde zudem die Rolle eines Schiedsrichters erstellt, welcher den Schlagabtausch kurz dokumentiert und am Ende der Debatte entscheidet, welche Seite argumentativ den Fightclub gewonnen hat.

Die Entscheidung für diese Form der Gruppenarbeit erfolgte auf Grund verschiedener positiver Aspekte, die die Methode des Fightclubs bietet. Sie reiht sich ein in die Gruppe der handlungsorientierten Methoden und wird ganz konkret den Simulationsspielen zugeordnet.

Der Fightclub weist eine starke Ähnlichkeit zu Methoden wie der Pro-Contra-Debatte oder dem Tribunal auf, ist jedoch in seiner Charakteristik noch deutlich stärker auf verbale Eskalation angelegt und darum in der Regel emotionsgeladener. Während bei der Pro-Contra-Debatte nicht zwingend eine „Siegerpartei" festgestellt werden soll, sondern vielmehr ein Kompromiss angestrebt wird, geht es im Fightclub ganz gezielt darum, am Schluss der Diskussion einen „Sieger" festzustellen, der die besseren oder stärkeren Argumente vorbringen konnte. Ziel dieser Methode ist es, dass die Teilnehmer unterschiedliche Positionen zu einem Thema erkennen, für diese eintreten und je nach Standpunkt ihrer Rolle argumentieren. Dies fördert Empathie- und gleichzeitig Diskussionsfähigkeit, die Teilnehmer kommen in die Situation, sich in eine Rolle hineinzuversetzen, deren Position nachzuvollziehen und diese argumentativ gegenüber den „Angriffen" Andersdenkender zu verteidigen. Zudem setzen sich die Teilnehmer deutlich intensiver und vertiefter mit der Kontroverse auseinander, als es bei einer rein rezeptiven Wissensvermittlung der Fall wäre. Vor allem dies hat zu der Entscheidung geführt, die Vorgabe des Referats - „einen Fightclub durchzuführen" - nicht in Form eines Rollenspiels zwischen den Referenten und vor der Seminargruppe umzusetzen, sondern vielmehr alle Teilnehmer aktiv werden zu lassen und sie einen Fightclub zu der Kontroverse selbst durchführen zu lassen. Schließlich setzt man sich erst mit einer Thematik konkret auseinander und kann ein wirkliches Verständnis für diese entwickeln, wenn sie für einen selbst erfahrbar geworden ist.

Im Anschluss an die Durchführung des Fightclubs besteht die Aufgabe der Gruppe darin, den Verlauf bzw. das Ergebnis ihrer Diskussion in Form eines Comics oder einer Karikatur sichtbar zu machen. Hierzu wurden von den Referenten im Vorfeld bereits Folien und Folienstifte ausgeteilt, mit denen die einzelnen Gruppen ihre Ergebnisse festhalten sollen. Im Anschluss daran stellen ein oder mehrere Vertreter der Gruppe ihre Zeichnung am Overheadprojektor kurz vor. Für diese Form der Ergebnissicherung haben wir uns entschieden, da die betreffende Seminargruppe aus sehr engagierten und motivierten Teilenehmern besteht, denen eine solch kreative Aufgabe zuzutrauen ist, ohne dass die Gefahr besteht, sie würde als albern aufgefasst und nicht zufriedenstellend erfüllt werden. Zudem ist die Zeichnung eines Comics bzw. einer Karikatur eine sehr anschauliche Möglichkeit, in knapper Art und Weise den Verlauf und das Ergebnis der einzelnen Fightclubs darzustellen und als Außenstehende leicht nachvollziehen zu können.

Die kurze Vorstellung der durchgeführten Fightclubs vor dem gesamten Plenum bietet nun einen guten Ausgangspunkt für eine zusammenfassende Diskussion in der Schlussphase der Seminarsitzung. An dieser Stelle wird thematisch noch einmal der Bogen geschlagen zum

Beginn des Referats und dem Einstieg über die theoretischen Grundlagen der etablierten, uns bereits gut bekannten, Hochschuldidaktik. Davon ausgehend lässt sich nun eine Vielzahl an zusammenfassenden und problematisierenden Fragen diskutieren:

„Findet ihr die Argumente der kritisch-emanzipatorischen Didaktik plausibel? Haben deren Argumente praktische Relevanz für euch? Die kritische politische Bildung bezeichnet die traditionelle politische Bildung oft als affirmative politische Bildung – findet ihr dies gerechtfertigt?"

Dieser Phase der Seminarsitzung kommt noch einmal eine entscheidende Funktion zu. Es gilt, die neu gewonnenen Erkenntnisse auf den Punkt zu bringen und sie mit dem bereits vorhandenen Wissen zur traditionellen politischen Bildung in Beziehung zu setzen. An dieser Stelle wird sichtbar, wie sich die gesamte Seminargruppe bezüglich der Kontroverse positioniert und zu welchem Urteil sie gelangt. Die Tatsache, dass es sich bei der Seminargruppe um sehr engagierte und interessierte Studenten handelt, erleichtert das Gelingen dieser Abschlussdiskussion und führte zu der Entscheidung, diese in einem offenen Unterrichtsgespräch mit nur minimaler Lenkung durch die Referenten durchzuführen.

4. Reflexion des Referatsverlaufs

Die Durchführung des Referats in der Seminargruppe lässt sich insgesamt als sehr positiv und erfolgreich bewerten. Die rege Mitarbeit und ausgesprochene Motivation der Studenten trug dazu bei, dass das vorbereitete Referat in geplanter Weise durchgeführt werden konnte und sich die erwünschte diskutive Atmosphäre entwickelte.

Der Einstieg über die bereits bekannten Didaktiker der politischen Bildung und deren zentrale Thesen mit Hilfe des Brainstormings an der Tafel bestätigte die Annahme, dass bei den Studenten bereits ein umfangreiches Wissen zur etablierten Politikdidaktik vorhanden ist. Die darauf folgende Überleitung zur kritischen politischen Bildung brachte den gewünschten Effekt und damit die Erkenntnis unter den Teilnehmern, dass über diese neue Richtung der Politikdidaktik bisher noch keine Auseinandersetzung im Rahmen des Studiums erfolgte und somit noch kein Wissen hierzu vorhanden war.

Darauf aufbauend ließ sich nun die geplante Überleitung zum Input-Teil des Referats herstellen, in dem die theoretischen Grundlagen der kritisch-emanzipatorischen Bildung behandelt wurden. In dieser Phase war trotz des frontalen Charakters eine gute Mitarbeit der Studenten erkennbar, da sie sichtbar engagiert die zentralen Informationen auf die vorbereiteten Handouts übernahmen. Während der Durchführung und in der anschließenden

Auswertung fiel uns jedoch auf, dass diese referentenzentrierte Phase der Seminarsitzung etwas zu ausführlich gestaltet war. An der ein oder anderen Stelle hätte man die Ausführungen durchaus knapper fassen und somit verhindern können, dass sich die Teilnehmer von den präsentierten Informationen hätten erschlagen fühlen können. Dem gegenüber fehlte für ein komplexes Verständnis der Grundlagen der kritischen politischen Bildung eine kurze Erläuterung des theoretischen Unterbaus der kritischen Gesellschaftstheorie im Allgemeinen. So hätte zum Beispiel die Thematisierung unterschiedlicher Vorstellungen von Demokratie und die Erklärung des Begriffs „Demokratiepostulat" Erwähnung finden müssen. Eine entsprechende Klärung wichtiger Schlagworte der kritischen Gesellschaftstheorie wäre als Grundlage für die Diskussion um die kritische politische Bildung hilfreich gewesen.

Die anschließende Durchführung der Fightclubs in den vorbereiteten Gruppen erfolgte für uns sehr zufriedenstellend. In der Vorbereitung des Referats waren wir uns sehr unsicher, ob die Studenten sich wirklich auf die Methode einlassen würden und die Fightclubs in ihren Gruppen aktiv mitgestalten würden. Diese Sorge war jedoch völlig unbegründet. Begeistert konnten wir feststellen, dass sich die Seminarteilnehmer motiviert und interessiert auf dieses Experiment einließen und sich in den einzelnen Gruppen sehr angeregte Diskussionen entwickelten. Die Studenten übernahmen freiwillig die ihnen zugewiesenen Rollen und füllten diese entsprechend der Vorgaben aktiv aus. Auch die Aufgabe, nach Abschluss der Diskussion einen Comic oder eine Karikatur über den Verlauf bzw. den Ausgang des Fightclubs zu zeichnen, wurde von den Seminarteilnehmern zufriedenstellend erfüllt.

Was uns jedoch während der Durchführung der Gruppenarbeit auffiel, war die Diskrepanz in der Dauer, die die einzelnen Gruppen mit der Diskussion und dem Zeichnen des Comics zubrachten. So war eine Gruppe bereits mit dem Erstellen ihres Comics fertig, während eine andere Gruppe noch nicht einmal mit dem Zeichnen begonnen hatte und hingegen noch fleißig diskutierte. Damit begegnete uns ein typisches Problem, welches im Zusammenhang mit schüleraktiven Methoden und Unterrichtsphasen sehr häufig auftritt. Durch gezieltes Intervenieren war es uns jedoch möglich, dass alle Gruppen zum Ende hin mit einem fertigen Comic den Verlauf und das Ergebnis ihres Fightclubs vorstellen konnten und sogar noch etwas Zeit blieb, um eine kurze abschließende Diskussion in der gesamten Lerngruppe durchzuführen und die Sitzung somit thematisch abzurunden.

Trotz einiger kleiner Verbesserungsmöglichkeiten, vor allem in Bezug auf die frontale Inputphase der Sitzung, konnte die Durchführung des Referats von uns insgesamt als erfolgreich gewertet werden. Besonders schön zu bemerken war die Begeisterung, die bei den

Teilnehmern während der Fightclubs zu erkennen war. Mit dieser Methode konnte ein starkes Interesse bei den Studenten geweckt werden, so dass sie sich engagiert und auch mit erkennbarer freudiger Erwartung auf dieses kleine Experiment einließen. Dies führte dazu, dass auch wir als Referenten wirkliche Freude an der Durchführung des Referats und insbesondere der Fightclubs empfanden und dadurch motiviert wurden, diese Methode in Zukunft auch einmal mit Schülern durchzuführen.

5. Quellen- und Literaturverzeichnis

Lösch, Bettina, 2011: Ein kritisches Demokratieverständnis für die politische Bildung, in: *Lösch, Bettina/ Thimmel, Andreas* (Hrsg.): Kritische politische Bildung. Ein Handbuch. Bonn, S. 115 – 127.

Nonnenmacher, Frank, 2011: Analyse, Kritik und Engagement – Möglichkeiten und Grenzen schulischen Politikunterrichts, in: *Lösch, Bettina/ Thimmel, Andreas* (Hrsg.): Kritische politische Bildung. Ein Handbuch. Bonn, S. 459 – 470.

Weiß, Edgar, 2011: Grundlagen Kritischer Theorie, in: *Lösch, Bettina/ Thimmel, Andreas* (Hrsg.): Kritische politische Bildung. Ein Handbuch. Bonn, S. 77 – 88.

6. Anhang (Materialien)

6.1. Schema des Brainstormings an der Tafel

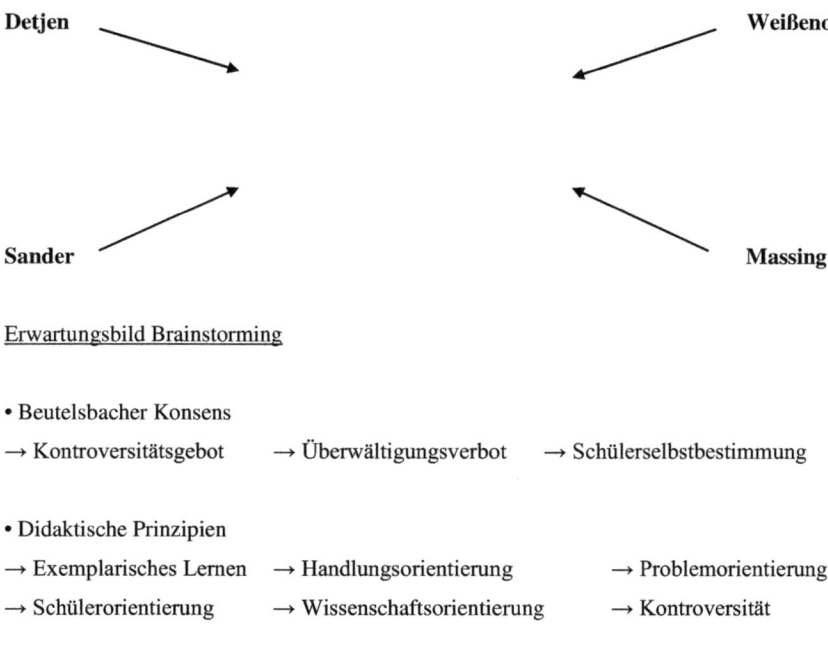

Detjen

Weißeno

Sander

Massing

Erwartungsbild Brainstorming

• Beutelsbacher Konsens

→ Kontroversitätsgebot   → Überwältigungsverbot   → Schülerselbstbestimmung

• Didaktische Prinzipien

→ Exemplarisches Lernen   → Handlungsorientierung   → Problemorientierung

→ Schülerorientierung   → Wissenschaftsorientierung   → Kontroversität

• Bildungsstandards

→ Politische Urteilsfähigkeit   → Politische Handlungsfähigkeit

→ Methodische Fähigkeiten

6.2. Handout

Fightclub: Kritische politische Bildung vs. affirmative politische Bildung?

Traditionelle (affirmative?) politische Bildung – Schlagworte:

_____
_____
_____
_____
_____
_____
_____
_____
_____
_____
_____
_____
_____
_____
_____
_____
_____
_____
_____
_____

Kritisch-emanzipatorische politische Bildung in 5 Thesen

(1) Kritischer politischer Unterricht verfolgt das Ziel fundierter Urteilsfähigkeit und benötigt dafür offene Curricula.

(2) Kritisch-emanzipatorische politische Bildung ist interdisziplinär.

(3) Kritischer politischer Unterricht orientiert sich am Sozialstaatsgebot + am Demokratiepostulat.

(4) Kritischer politischer Unterricht zielt auf Engagement.

(5) Kritischer politischer Unterricht kennt die Widersprüche, denen er unterworfen ist.

6.3. Rollenkarten

Fightclub: Team **Etablierte Hochschuldidaktiker**

1.) In einer **Diskussion über grundlegende Ansichten zur politischen Bildung** gilt es **eure Ideen** gegenüber den Vertretern der kritisch-emanzipatorischen politischen Bildung **durchzusetzen. Überzeugt den Kampfrichter** von eurem Standpunkt.

2.) Der Kampfrichter verkündet sein Urteil.

3.) Entwerft auf Folie **alle** gemeinsam einen **kleinen Comic**, der den **Verlauf des Schlagabtausches und** dessen **Ergebnis** illustriert.
   (Basis für den Comic: Notizen des Kampfrichters)

4.) **Stellt** euren Kommilitonen **den Comic vor.**

Fightclub: Team **Didaktiker der kritisch-emanzipatorischen politischen Bildung**

1.) In einer **Diskussion über grundlegende Ansichten zur politischen** Bildung gilt es **eure Ideen** gegenüber den etablierten Hochschuldidaktikern **durchzusetzen. Überzeugt den Kampfrichter** mit schlagkräftigen Argumenten von eurem Standpunkt.

2.) Der Kampfrichter verkündet sein Urteil.

3.) Entwerft auf Folie **alle** gemeinsam einen **kleinen Comic**, der den **Verlauf des Schlagabtausches** und dessen **Ergebnis** illustriert.
(Basis für den Comic: Notizen des Kampfrichters)

4.) **Stellt** euren Kommilitonen **den Comic vor**.

Fightclub: **Schiedsrichter**

1.) Verfolge die Diskussion und **dokumentiere** den **Schlagabtausch kurz** (Notizen).

2.) **Entscheide** dann **begründet**, welches Team den Fightclub für sich entschieden hat.

3.) Entwerft auf Folie **alle** gemeinsam einen **kleinen Comic**, der den **Verlauf des Schlagabtausches** und dessen **Ergebnis** illustriert.

   (Basis für den Comic: Notizen des Kampfrichters)

4.) **Stellt** euren Kommilitonen **den Comic vor.**

Hinweis: Auf der Rückseite der Kärtchen befindet sich nur ein Großbuchstabe (E/K/S).

Bis zur Erklärung der Gruppenarbeit liegen die Kärtchen nur mit der Rückseite nach oben.